Le Mouvement musical de 1857

P. Scudo

1857

Édition : BoD • Books on Demand GmbH, In de Tarpen 42,
22848 Norderstedt (Allemagne)
Impression : Libri Plureos GmbH, Friedensallee 273,
22763 Hamburg (Allemagne)
ISBN : 978-2-3225-4396-0
Dépôt légal : septembre 2024

REVUE MUSICALE

THEATRES. - LE MOUVEMENT MUSICAL DE 1857.

OPERAS NOUVEAUX : *MARGOT, LE CARNAVAL DE VENISE*.

L'année 1857 va bientôt terminer son cours. Encore quelques jours, et elle ne sera plus que de l'histoire, un fait accompli qui ira augmenter le poids, déjà si lourd, des souvenirs. Quelle signification aura-t-elle pour les âges futurs, quels événemens remarquables aura-t-elle vus s'accomplir, pour que la postérité se souvienne de son passage dans le temps ? Est-ce l'insurrection de l'Inde et les efforts de cette grande nation anglaise pour ressaisir une domination lointaine non moins utile à la civilisation générale qu'à sa propre puissance qui imprimeront à l'année 1857 un caractère indélébile ? Est-ce l'apparition d'une nouvelle comète, la rencontre préméditée de quelques souverains de l'Europe, ou bien plutôt la mort d'un grand citoyen, je veux dire du général Cavaignac qui a donné à la France le spectacle d'une vertu plus rare chez elle que l'éloquence, le génie militaire et les vaines ostentations du pouvoir ? Tout cela dépend du point de vue moral où se placera l'observateur et des évolutions qui se seront accomplies dans la conscience publique, dont les principes, pour être immuables dans leur essence, n'empêchent pas la notion de justice de s'épurer et d'agrandir de plus en plus la sphère de son action. Voilà pourquoi, ce nous semble, l'histoire est toujours à refaire. Les faits ayant été bien constatés par la critique, il reste à les juger, et chaque génération les soumet au critérium de sa raison et de sa moralité. C'est ainsi que l'idée de progrès, qui est, sans contredit, la grande préoccupation de notre siècle, se concilie avec la perpétuité des sentimens de l'homme et les lois immuables de la raison. Malgré les tristesses du présent, malgré les défaillances des caractères que chacun peut remarquer autour de soi, malgré ces lâches palinodies des prétendus éclaireurs de l'opinion, nous sommes attiré vers cette idée consolante d'amélioration morale qui est aussi vieille que le genre humain. Entre les faiseurs d'utopie qui présument trop de l'avenir, de la virtualité de l'esprit humain, et les adorateurs béats du passé qui prêchent l'immobilité et la contemplation stérile des vieux rites et des institutions surannées, nous ne saurions hésiter, et nous aimerions mieux croire à l'erreur salutaire qui excite à vivre qu'à la vérité qui produirait la mort. Qu'est-il besoin de tant s'inquiéter de la tradition, qui nous tient par tous les fils de l'existence, et qui, depuis le berceau jusqu'à la tombe, nous enveloppe d'un réseau d'entraves et de prescriptions inévitables ? Il n'est pas à craindre qu'on oublie jamais qu'on est le fils de son père, car chaque mot qui sort de nos lèvres porte témoignage de la tradition que nous subissons, tandis qu'il est facile d'endormir l'esprit en lui faisant croire que tout est dit et qu'il n'y a plus qu'à se croiser les bras. Les penseurs immortels qui, au milieu du XVIIIe siècle et sous le gouvernement avili d'un Louis XV, élaboraient et dégageaient des faits contingens de l'histoire cette grande idée du développement et de l'amélioration du genre humain, ces penseurs, tout isolés et faibles qu'ils étaient, n'ont-ils pas suffi pour amener la révolution de 1789, l'ère des sociétés modernes ? Affirmons-la donc, cette loi divine du progrès dont nous voyons chaque jour se produire les miracles, appuyons-nous sur ce levier puissant qui soulèvera le monde, et laissons à Dieu à faire le reste. Le genre humain a plus à gagner aux rêves d'un Turgot et d'un Condorcet qu'à se laisser enfermer dans le cercle providentiel que lui trace Bossuet dans son *Discours sur l'histoire universelle.*

La mort de Manin, ce grand citoyen de Venise dont la vie exemplaire a rempli l'Italie d'un enthousiasme fécond pour ses destinées ; celle de Béranger, qui a ému la France tout entière, — et, qu'on nous permette de le dire, la fin prématurée du critique éminent, Gustave Planche, qui a illustré pendant si longtemps les pages de cette *Revue*, — ce sont là aussi des événemens remarquables qui prouvent la vitalité morale de l'époque où nous sommes, et qui doivent imprimer un caractère à l'année 1857. On aurait pu croire que la vie modeste de Gustave Planche, sa pauvreté notoire, la sévérité de ses jugemens sur les hommes et les œuvres d'une génération ambitieuse et conquérante, l'auraient complètement isolé de l'opinion publique, dont les interprètes n'avaient pour Gustave Planche que des paroles amères et quelquefois insultantes : il n'en était rien. L'opinion est comme un fleuve qui a des courans divers. Sous la mobilité des vagues qui agitent la surface, sous le bourdonnement des esprits éphémères dont les feuilles quotidiennes colportent la renommée, il y a l'opinion des honnêtes gens, qui se forme lentement et qui ne se manifeste avec éclat que dans les circonstances solennelles. C'est cette opinion solide des consciences éclairées, qui s'adresse autant à l'homme qu'à l'écrivain, qui s'est révélée bruyamment à la mort de Gustave Planche. Son convoi, aussi modeste que l'avait été sa vie, a été suivi par des représentans illustres des lettres et des arts, qui sont venus rendre hommage à la mémoire d'un écrivain supérieur, d'un critique qui a su allier un beau talent, une pensée élevée, à un caractère honorable. Ce n'est pas forcer l'analogie des choses que de voir dans l'émotion publique produite par tant de pertes douloureuses un symptôme consolant de l'opinion, la persistance d'un certain ordre d'idées morales que les événemens contraires sont loin d'avoir affaiblies. Dans la vie et l'œuvre si différentes des hommes que nous venons de nommer, l'opinion a vu un trait commun qu'elle a voulu honorer de ses regrets : la fermeté du caractère au milieu de nombreuses et cruelles vicissitudes, le respect du juste et du beau, le triomphe d'une conscience éclairée qui ne transige pas avec les événemens qui lui enlèvent ses espérances. Une de ces organisations mobiles, exquises et privilégiées qui vivent quelques heures de poésie et d'amour pour laisser un nom immortel, c'est-à-dire Alfred de Musset, a été enlevé aussi pendant l'année 1857, que ces pertes multipliées marquent d'un signe indélébile.

Cependant les théâtres s'agitent, et si les chefs-d'œuvre n'abondent pas sous les yeux du public, ce n'est pas faute de beaucoup d'efforts de la part des entrepreneurs de succès. Jamais l'industrie, qui s'attache à faire éclore les talens et les germes cachés, n'a été plus vigilante et plus habile que de nos jours. D'où vient cependant la stérilité des résultats ? La pisciculture, l'horticulture, la télégraphie sous-marine, la mécanique, les sciences physiques et mathématiques, les recherches historiques et philologiques, en un mot l'ensemble des connaissances de l'esprit humain n'a jamais été plus étendu et plus florissant. Le monde se transforme sous nos yeux, la pensée ne recule devant aucun obstacle, aucun mystère ne résiste à sa pénétration ou n'effraie son audace, et dans le champ de la libre fantaisie, à un petit nombre d'exceptions près, rien ne se produit de remarquable, ou du moins de durable ! L'imagination aurait-elle épuisé la source de ses enchantemens ? N'y aurait-il plus de belles passions à mettre en œuvre, et le cœur humain est-il si connu, qu'on ne puisse en tirer de nouveaux accens ? Ou bien faut-il croire avec un philosophe qui vient aussi de mourir tout récemment, M. Auguste Comte, que l'humanité, ayant passé l'âge des illusions et des conceptions chimériques, est arrivée à ce degré de maturité où la connaissance des véritables lois de la nature peut seule la satisfaire ? Ainsi donc la *philosophie positive*, car tel est le titre de l'ouvrage où M. Auguste Comte a exposé l'ensemble de ses idées, serait la clé du monde à venir, où nul ne pourra pénétrer s'il n'est géomètre, comme l'exigeait déjà Platon de ceux qu'il admettait à son école ? Ce qui est certain, ce qui paraît être le besoin et la tendance de l'époque que nous traversons, c'est l'alliance des lettres et de la science, une forme élevée et un beau style mis au service de la vérité. Pour intéresser les générations qui arrivent à la vie, il faudra parler de philosophie comme M Cousin, ou de haute philologie comme M. Ernest Renan ; il faudra écrire sur les sciences naturelles et médicales comme M. Littré. Les baladins de la phrase, les chercheurs de mots pittoresques qui ne peignent rien, les amateurs du relief sonore qui cache le vide de la pensée, seront abandonnés à leur triste sort et à la solitude qui se fait déjà autour d'eux. C'est tout au plus si on pardonnera à une belle imagination, comme celle de Mme Sand, de se jouer de la vérité en rapprochant, comme elle l'a fait dans ses mémoires, l'agréable génie de Chopin d'un colosse comme Beethoven. Et lorsqu'une intelligence aussi vive et aussi pénétrante que celle de Balzac s'amusera à écrire des pauvretés sur le *Moïse* italien de Rossini, on passera outre en lui disant : — Dites-nous plutôt, monsieur de Balzac, un de ces contes que vous savez si bien ourdir, et laissez la musique à qui a pris la peine de l'étudier ! — Stendhal lui-même ne sera plus possible, car tout l'esprit qu'il a mis dans sa *Vie de Rossini* ne suffit pas pour en pallier les bévues.

En attendant qu'il naisse à la France un poète, un poète comique surtout, qui sache peindre ses mœurs et flageller ses ridicules aussi changeans que les gouvernemens qui s'efforcent de diriger ses destinées, le Théâtre-Français, suivant une impulsion qu'on aime à encourager, déroule sous les yeux du public les chefs-d'œuvre de son ancien répertoire. Molière, Regnard, Marivaux, Beaumarchais, et jusqu'à M. Scribe, dont on reprend les comédies légères, moins faciles à faire oublier que ne le pensent les beaux esprits, apparaissent tour à tour sur le théâtre de la rue de Richelieu et y attirent la foule. Quelle est la nation de l'Europe qui peut, comme la France, remonter le cours de sa littérature dramatique et faire admirer aux générations contemporaines des œuvres qui ont deux cents ans de date ? Shakspeare est à peu près le seul grand poète dramatique dont le public de Londres entende encore la langue. Le théâtre de l'Allemagne ne remonte pas au-delà de Lessing, de Goethe et de Schiller, c'est-à-dire des dernières années du XVIIIe siècle. L'Italie n'a pas de théâtre national avant

Goldoni et Alfieri. L'Espagne pourrait-elle évoquer sur la scène de Madrid, de Séville ou de Barcelone, les conceptions plus épiques et plus lyriques que dramatiques des Calderon et des Lope de Véga ? Il est permis d'en douter. L'Espagne, il est vrai, lit et admire la langue de Cervantes comme nous lisons avec délices Montaigne, Amyot et Rabelais ; mais, excepté l'Angleterre et son Shakspeare, il n'y a que la France qui possède une littérature dramatique, vivante et accessible à tous, depuis *le Cid* et *le Menteur* de Corneille jusqu'à *la Calomnie* de M. Scribe, qu'on a reprise tout récemment. Il est de mode depuis quelque temps, et dans un certain monde infiniment petit, où l'on cultive avec rage le mot en relief et les modulations de style sans idées, de prendre en pitié l'esprit et l'œuvre de M. Scribe. On a tant de chefs-d'œuvre sous la main, les génies éclos sous l'incubation de l'école pittoresque ont été si inventifs au théâtre, ils ont parlé une langue si sensée, si bien interprété l'histoire et fait parler le cœur humain, qu'on a bien raison de se moquer de cet écrivain bourgeois qui, depuis quarante ans, amuse la France et l'Europe tout entière. Nous savons tout ce qu'on peut reprocher à l'esprit fécond et ingénieux de M. Scribe, ses négligences de style, la vulgarité de ses types, la fâcheuse disposition qui le porte à rabaisser les beaux élans de l'âme, à ridiculiser l'héroïsme, à ne voir partout que des diplomates de comptoir et des Jérôme Paturot, qui narguent volontiers les passions généreuses et les caractères puissans. Ces défauts, et d'autres encore, qu'on peut relever dans la manière de M. Scribe, comme la trop grande complexité des incidens et l'abus de la mise en scène, ces défauts, disons-nous, n'empêchent pas que l'auteur de *la Calomnie*, d'*une Chaîne*, de *Bertrand et Raton*, de *la Camaraderie*, de cent vaudevilles qui ont vécu plus d'une semaine, ne soit l'écrivain dramatique le plus fécond, le plus ingénieux et le plus universellement populaire qu'il y ait en Europe depuis un demi-siècle. Je ne parle pas de ses beaux *libretti* d'opéras et d'opéras-comiques, de *Robert-le-Diable*, qui est un chef-d'œuvre, de *la Juive*, du quatrième acte des *Huguenots*, de *la Dame Blanche*, du *Domino noir*, du *Maçon*, et de tous les opéras de M. Auber. J'ignore si après Molière, après Regnard, Destouches, et cent autres qu'il est inutile de citer, il est encore possible d'écrire en France ce qu'on appelle une comédie de caractères, et si les vices et les grands travers de la nature humaine n'y sont pas tracés depuis longtemps au théâtre de manière à désespérer tous ceux qui voudraient recommencer une œuvre si parfaitement accomplie. La société moderne telle que l'a faite la révolution, avec l'égalité de condition qui en efface chaque jour les aspérités, avec les courans divers qui la traversent et la modifient tous les dix ans, offre-t-elle quelque prise au peintre de mœurs, au poète dramatique qui veut en crayonner les ridicules sans trop effrayer la conscience morale ? Oui, sans doute, et tant qu'il y aura des sociétés, il y aura des passions et des contrastes piquans qui peuvent être saisis et mis en lumière par un observateur intelligent. Eh bien ! cette comédie moderne dont on parle tant, et sur l'avenir de laquelle chacun s'inquiète, cette peinture de surface, qui ne vise ni à la profondeur philosophique, ni à la couleur et au relief du style, cette moquerie un peu bourgeoise des grands élans de la nature, cette comédie viagère enfin, qui reproduit les nuances, les travers changeans, et même la vulgarité des mœurs contemporaines, personne ne l'a mieux faite que M. Scribe.

Je ne veux pas m'appesantir aujourd'hui sur des tentatives qui se sont produites dans une direction plus sérieuse en apparence et rechercher ce qu'il peut y avoir de durable dans des pièces applaudies comme *l'Honneur et l'Argent*, de M. Ponsard, dans le talent distingué de M. Emile Augier et dans la verve un peu aventureuse de l'auteur de *la Dame aux Camélias*. Ce qu'il y a d'évident pour tous ceux qui examinent sans prévention la littérature dramatique depuis le commencement de ce siècle, c'est que le théâtre de M. Scribe est le plus vivant et le plus universellement accepté du public français et de l'Europe. La postérité, qui vraisemblablement jouera plus d'un tour aux vanités et aux ambitions contemporaines, pourrait bien rapprocher deux noms qui semblent, de nos jours, fort éloignés l'un de l'autre. C'est peut-être dans l'œuvre mêlée, mais vivante, de Balzac, et dans les comédies de M. Scribe que les historiens et les moralistes futurs iront puiser les renseignemens dont ils auront besoin pour étudier les ridicules, les vices compliqués et les travers de la société française pendant la première moitié du XIXe siècle. Quoi qu'il en soit, les comédies de M. Scribe, les tableaux de M. Horace Vernet et les opéras charmans de M. Auber ont de nombreuses analogies de style et de vérité, et forment l'expression la moins contestable des goûts, des mœurs et des tendances de la bourgeoisie de notre temps, c'est-à-dire de l'immense majorité de la nation française.

La musique n'aura pas gagné grand'chose pendant l'année qui va bientôt expirer. En Allemagne, les drames historiques et symboliques de M. Richard Wagner excitent toujours l'enthousiasme des philosophes, des érudits, des peintres, des littérateurs, des politiques et des étudians de l'avenir. Les représentans de la presse parisienne ont été conviés, il y a deux mois, à aller entendre à Wiesbaden cette fameuse légende du *Tannhauser*, dont le poème et la musique sont de M. Richard Wagner, et il semble que les effets produits par cette œuvre étrange, dont nous ne connaissons malheureusement que la partition réduite pour le piano, ne sont pas trop désavantageux à la renommée du nouveau compositeur. Des touristes éclairés, qui sont allés se promener en Allemagne pendant la saison des eaux, ont entendu également l'opéra du *Tannhauser* sans trop de frayeur, et en ont rapporté une impression d'étonnement qui ne ressemble pas à du dégoût. Il est vrai que ces voyageurs ont l'esprit et le cœur remplis d'aspirations politiques très conformes aux opinions républicaines de M. Richard Wagner, en sorte que la question d'art se complique d'un élément qui lui est étranger, et qui altère tous les jugemens de l'époque où nous sommes.

> Le vent qui vient à travers *l'Allemagne*
> Me rendra fou !

En Italie et dans le monde occidental tout entier, c'est toujours la *furia* de M. Verdi qui émeut et agite les esprits. Ses opéras se changent dans toute la péninsule italique, à Londres, à Madrid, à Lisbonne, à Saint-Pétersbourg, à Varsovie, et dans les principales villes des deux Amériques. Ils sont aussi très goûtés du public de Vienne, qui a toujours été plus italien qu'allemand. Du temps de Mozart, ce public préférait déjà *la Cosa rara* de Martini aux divines inspirations de *Don Juan,* et de nos jours il a couru à la *Linda di Sciamouni* de Donzetti, délaissant le *Fidelio* de Beethoven. À Berlin, dans la véritable capitale intellectuelle de l'Allemagne, on a jugé le *Trovatore* de M. Verdi. bien plus sévèrement que nous ne l'avons fait ici. Devant un public qui entend tour à tour l'*Orphée* et l'*Iphigénie en Aulide* de Gluck, *Don Juan* et *le Nozze di Figaro* de Mozart, *la Vestale* de Spontini, *Joseph* de Méhul, le *Freyschütz* et les deux autres chefs-d'œuvre de Weber, *Euryanthe* et *Oberon, la Muette* de M. Auber, *Guillaume Tell* de Ressini, *Robert, les Huguenots,* de Meyerbeer, et le *Tannhauser* de M. Richard Wagner, devant ce public-là qui possède le plus admirable ensemble de musique religieuse qui existe en Europe, la, musique du *Domchor,* les mélodrames de M. Verdi ne pouvaient pas exciter de surprise et prendre d'assaut des imaginations qui, comme celles du midi, n'entendent qu'un son et qu'une cloche fêlée pendant toute une saison. À Paris, dans cette ville hospitalière à toutes les doctrines et à toutes les langues, qui joue dans les temps modernes un rôle à peu près semblable à celui que jouait la ville d'Alexandrie sous les Ptolémées ; à Paris, les ouvrages de M. Verdi ont été entendus, étudiés et classés, je le crois, à leur véritable rang. Dans le vaste panthéon où l'éclectisme du goût parisien, le vrai génie de la France, a réuni les images de tous les dieux vivans, M. Verdi a sa place marquée, il a ses fidèles et ses dévots, mais il n'absorbe pas, comme cela, arrive en Italie, tous les *ex-voto* des pèlerins. Il a sa chapelle, ses petits miracles, mais à côté de lui il y a des thaumaturges plus puissans dont il n'est pas facile de faire oublier la légende dorée.

Nous ayons été des premiers, ici et ailleurs, à signaler à l'attention du public les œuvres du compositeur lombard. Il y a tel article de journal qui nous fut inspiré, il y a une douzaine d'années, par l'opéra de *Nabucco*, et que nous pourrons reproduire en entier sans avoir à craindre le moindre reproche de partialité intellectuelle. On peut lire dans cette *Revue* le jugement que nous avons porté successivement sur le *Trovatore*, sur *la Traviata* et *Rigoletto*.[1], et l'on s'assurera facilement que nous n'avons jamais méconnu les qualités, du talent de M. Verdi. Les pages que nous avons consacrées à l'examen des *Vêpres siciliennes* ont été reproduites par la plupart des journaux italiens, qui ont trouvé que nous avions été trop indulgent pour une œuvre qui a échoué sur tous les théâtres de la péninsule où elle a été représentée. Cette fois les journaux italiens avaient raison. Le dernier opéra que M. Verdi a composé à Venise, *Simone Boccanegra*, n'y a pas réussi, et a été encore plus mal accueilli au théâtre de la Pergola à Florence. À Milan même, assure-t-on, le gouvernement autrichien, pour éviter toute émotion publique, a pris la muse de M. Verdi sous sa protection et a défendu qu'on en relève avec trop de vivacité les défauts qui commencent à frapper les gens de goût, toujours en minorité. Cette façon de sauvegarder les œuvres de l'esprit n'est pas, comme on le pense bien, renouvelée des Grecs, mais des Prussiens. En 1821, le chef de la censure des journaux de Berlin, défendit, par une ordonnance publique, de rien blâmer dans les opéras de Spontini, qui eut l'inqualifiable faiblesse de recourir à de pareils moyens. Il en fut cruellement puni par l'opinion d'abord, et puis par l'immense succès du *Freyschutz*, qui vint rejeter au second rang l'auteur irascible et tout-puissant de *la Vestale*, de *Fernand Cortez*, et d'*Olympie*.

La musique, comme tous les arts, se compose de deux élémens à savoir les idées et la forme qui les révèle. Les idées peuvent être simples, développées, nobles ou triviales, la forme grossière, insuffisante, ou bien l'œuvre d'une main exercée. On peut remplir d'un vin exquis un vase rustique, ou bien ne boire que de la piquette dans une coupe d'or ciselée par un Benvenuto Cellini. Si je me sers de cette image, c'est pour rendre ma pensée plus, saisissante, car je n'ignore pas que, dans les arts, les idées et la forme se pénètrent d'une manière presque aussi intime que l'âme et le corps qu'elle vivifie de son souffle mystérieux. Il est aussi difficile de séparer, dans un tableau de Raphaël, le type de ces têtes divines qu'il a révélées au monde de l'art suprême de l'ouvrier qui en a tracé la forme matérielle que de dépouiller les pensées de Pascal du style incomparable, dont il les a revêtues. Cela forme un tout vivant où les délicats seuls peuvent apercevoir les coups de pinceau et les retouches de l'ouvrier.

Il y a en musique comme, en littérature, et dans toutes les manifestations plastiques de l'esprit humain, un art de bien dire et de bien exprimer les sentimens, dont on est pénétré. Cet art, très compliqué, est le résultat de trois siècles au moins de civilisation musicale. Il commence à peu près, avec Palestrina, vers la seconde moitié du XVIe siècle, et se divise en deux grands courans, la musique religieuse et la musique dramatique. La musique dramatique ne remonte pas au-delà du XVIIe siècle ; elle commence avec Alexandre Scarlatti, le chef de l'école napolitaine, dont les disciples, Leo, Durante et Pergolèse, perfectionnent l'idée mélodique, les formes du duo, du trio, et de l'harmonie d'accompagnement, qui devient plus cursive et moins compliquée qu'elle ne l'était dans la musique de chambre en général, dans les cantates, les duos, et les madrigaux à plusieurs voix. À ce canevas de musique dramatique Piccinni et Jomelli, qu'on a trop oublié, ajoutent des morceaux d'ensemble plus développés, comme le finale de *la Buona figliuola*, et une instrumentation plus étoffée et déjà pittoresque. Gluck survient, et imprime au drame lyrique l'empreinte de son génie pathétique. Si, quelque chose peut donner aux contemporains une idée approximative de ce que devait être la mélopée grecque dans les drames religieux et patriotiques d'Eschyle, de

Sophocle et d'Euripide, ce sont des scènes comme il y en a dans *Orphée*, dans les deux *Iphigénies* et dans *Alceste*. Sur ce fond dramatique, dont l'action est encore très simple et les personnages peu nombreux, Mozart jette le fluide lumineux de son génie éminemment musical, il multiplie les incidens et les caractères de la fable. Il y a plus de musique proprement dite dans *Idoménée, le Nozze di Figaro* et *Don Juan* que dans toute l'œuvre de Gluck, où domine la déclamation lyrique, à peine recouverte d'une couche légère de sonorité. Gluck n'en reste pas moins un des grands maîtres dans l'art de chanter les belles passions du cœur humain ; mais, comme musicien, il ne possède ni la science suprême, ni l'abondance inépuisable, ni la grâce divine et la flexibilité de Mozart, dont l'avènement est un miracle de la nature. Rossini prend le drame lyrique presque où l'a laissé Mozart, et, suivant les impulsions secrètes de son propre génie et celles de la nation qui lui a donné le jour, il produit en riant une trentaine de chefs-d'œuvre qui font une révolution dans la musique dramatique du XIXe siècle. Sans le vouloir d'une manière explicite, Rossini combine dans son style, le plus varié qui existe au théâtre, la grâce mélodique, l'esprit, l'entrain et la gaieté naïve des maîtres italiens, surtout de Cimarosa, avec l'instrumentation nourrie de Haydn et de Mozart, dont il est le véritable successeur. Il écrit mieux pour les voix que l'auteur de *Don Juan* ; sa phrase mélodique est plus longue et plus facile, ses morceaux d'ensemble sont quelquefois plus développés, son orchestre est plus sonore, plus éclatant, et rempli du *brio*, de l'accent pittoresque de la passion moderne. *Le*

Barbier de Séville, Otello, Semiramide et la *Zelmira* sont les quatre opéras italiens où Rossini a mis le plus grand nombre d'idées originales et déployé la plus grande puissance de son génie avant la transformation que lui ont fait subir l'esprit et le goût de la France. *Le Comte Ory, le Siège de Corinthe, Moïse,* et surtout *Guillaume Tell,* marquent l'agrandissement successif de sa manière et le plus grand développement que l'art musical ait trouvé au théâtre. Si l'idéal révélé par Mozart dans certains morceaux d'*Idoménée,* dans *le Nozze di Figaro,* dans *Don Juan,* dans l'*Ave Verum* et dans le *Requiem,* est plus élevé, plus chaste et plus pur que celui qui se dégage de l'œuvre tout entière de Rossini, celui-ci n'en est pas moins le compositeur dramatique le plus varié qui se soit encore produit dans l'histoire, et *Guillaume Tell* le tableau musical le plus grandiose qui existe sur la scène lyrique. Ainsi donc, de Scarlatti à Jomelli, de Gluck à Mozart, et de Mozart à Rossini, la musique, appliquée à une fable dramatique, soit dans le genre sérieux ou dans le genre comique, développe de plus en plus les propriétés de son langage, agrandit son domaine, et couvre le modeste canevas qui lui a servi de thème d'une floraison de poésie qui charme et ravit le public, indépendamment de l'intérêt dramatique et de la vérité de l'expression. Est-ce qu'un tableau de Titien ou de Rubens, est-ce qu'un Ruysdaël ou un Claude Lorrain, n'offrent pas aux amateurs de peinture un plaisir tout à fait indépendant du sujet qui s'y trouve représenté ? Est-ce que la langue dans laquelle sont écrits *Polyeucte, Athalie* ou *le Misanthrope* a besoin de l'illusion dramatique pour que les connaisseurs en goûtent les beautés ? Je touche ici à des lieux communs dont on ne conteste l'évidence que lorsqu'il s'agit d'apprécier les œuvres de l'art musical.

Donizetti et Bellini continuent la belle tradition de l'école italienne, tout en développant les qualités particulières que le ciel leur a départies. Si Donizetti est un meilleur musicien que le génie touchant et si bien doué de l'auteur du *Pirate* et de *la Sonnambula*, celui-ci possède une originalité mélodique, un accent, un instinct des effets harmoniques qui lui donnent une véritable supériorité sur son brillant émule, dont le style est plus souple et plus varié. Cependant, entre les mains de Donizetti et de Bellini, l'idéal transmis par le génie de Rossini s'abaisse et s'altère considérablement. Les formes mélodiques sont déjà moins amples, l'instrumentation moins splendide et moins colorée, le plan des morceaux moins vaste et plus pauvre d'incidens, et l'ensemble des effets se rapproche plus d'un tableau de genre que d'une conception historique. Il n'y a pas de système ni de sophisme qui puisse méconnaître la distance qui sépare des œuvres comme *Otello, Semiramide, la Gazza ladra, le Barbier de Séville*, des charmantes partitions de *Lucie, la Favorite, Don Pasquale*, de *la Sonnambula, Norma* et *les Puritains*. On peut avoir ses préférences et se sentir attiré plutôt vers l'un de ces maîtres que vers l'autre, mais on ferait preuve d'une éclatante ignorance des proportions des choses et des beautés inhérentes à l'art musical, si l'on s'avisait de confondre l'auteur de *Moïse* et de *Guillaume Tell* avec les compositeurs distingués qui ont marché sur ses traces lumineuses sans pouvoir l'atteindre.

Pendant que Rossini opérait en Italie et dans la musique purement dramatique l'évolution dont nous venons de parler, l'Allemagne créait un monde nouveau. Autour du génie homérique de Beethoven, Weber, Schubert, Spohr, Mendelssohn et Chopin développent leurs qualités respectives sur un fond de poésie nationale qui se manifeste pour la première fois dans l'art musical. Ajoutez à ces noms ceux de Handel et de Sébastien Bach, de Haydn et de Mozart, comme compositeurs de musique instrumentale, et vous avez un ensemble de merveilles dont la pauvre Italie ne soupçonne même pas l'existence. La France, comme toujours, reste fidèle à son goût presque exclusif pour la musique qui sert d'accessoire à une action dramatique. D'un côté, Spontini et Méhul continuent la tradition de Gluck, qui était déjà celle de Rameau et de Lully ; de l'autre, on marche sur les traces de Grétry, qui professait les mêmes principes sur la déclamation lyrique que l'auteur d'*Alceste* et d'*Iphigénie*. Nicolo, Boïeldieu, Auber et Hérold surtout agrandissent le cadre de l'opéra-comique, et transforment la comédie à ariettes en un poème musical, tandis que Meyerbeer vient doter le grand opéra de son coloris puissant, du relief des caractères et de la logique profonde qu'on remarque dans *Robert,* dans *les Huguenots* et *le Prophète*. M. Halévy marche sur ses traces, comme Cherubini avait continué au théâtre la manière de Mozart et de Cimarosa, combinée avec la tradition de Gluck.

C'est à peu près vers l'année 1840 que l'Italie commença à connaître le nom de M. Verdi. Bellini était mort, et Donizetti était absorbé par la noble ambition d'écrire des ouvrages pour la scène française, moins sujette aux révolutions de la mode que les théâtres de la péninsule. Il donna *la Favorite, Don Pasquale, Dom Sébastien*, qui renferment de si belles choses, et puis son aimable génie s'éteignit avant l'heure, emportant le secret de bien des chefs-d'œuvre qu'auraient produits sans doute une plus grande expérience et la maturité des facultés. Resté seul sur le champ de bataille, au milieu d'une nation oisive, toujours avide de nouveautés et déjà fortement émue par des espérances de changemens politiques, M. Verdi acquit en peu de temps une grande popularité. *Nabucco* et puis *Ernani*, composé à Venise en 1843 sous les yeux de Manin, qui avait déjà commencé à jouer le rôle d'agitateur légal contre le gouvernement de l'Autriche, ces opéras et ceux qui vinrent ensuite avaient précisément les qualités et les défauts qui devaient plaire à des imaginations plus exaltées que délicates. Les *libretti* choisis par M. Verdi, toujours d'un caractère sombre et mélodramatique, la nature de ses idées musicales peu nombreuses, mais colorées et vibrantes, son penchant pour les effets heurtés, la grosse sonorité et les rhythmes violens, la réputation de patriote que le *maestro* s'était laissé faire par ses admirateurs, et qui devint pour lui un titre à Paris auprès des écrivains du *National* et d'autres journaux républicains, ces élémens secondaires de succès, ajoutés au mérite incontestable de certaines parties de son talent, donnèrent aux opéras de M. Verdi la vogue d'une œuvre quasi-politique. On le jugea avec passion ; sa musique s'enrichit de tous les courans, de tous les vœux secrets de l'opinion ; on applaudissait, au finale du troisième acte d'*Ernani*, — *A Carlo magno gloria e onor*, — qui est un morceau d'ensemble d'un bel effet, comme on applaudit un chant patriotique qui, en exaltant l'émotion de tous, acquiert la puissance d'un acte de foi. « Les symboles ne signifient que ce qu'on leur ordonne de signifier ; l'homme fait la sainteté de ce qu'il croit, comme la beauté de ce qu'il aime, » a dit M. Ernest Renan dans sa belle étude sur un tableau de M. Ary Scheffer, *la Tentation du Christ*[2]. Ce n'est point un rapprochement téméraire que de voir aussi dans la vogue inouïe et, selon nous, excessive des opéras de M. Verdi la valeur d'un sentiment national sanctifiant la forme imparfaite qui lui sert de symbole pendant une transition difficile. Et cela se conçoit surtout dans certaines régions de l'Italie, où l'oppression qui pèse sur toutes les intelligences et sur tous les cœurs ne laisse guère échapper à sa vigilance que ce qui ne tombe pas sous le sens grossier de la police. Or la musique est celui de tous les arts qui renferme le plus de parties mystérieuses propres à satisfaire ce besoin d'infini, qui est le plus beau titre de la nature humaine. Toute œuvre d'art qui suscite un grand intérêt, et qui arrive à ce qu'on peut appeler une popularité avouable, mérite un sérieux examen, car il est évident qu'il y a dans cette œuvre quelque chose du sentiment qu'elle a éveillé dans les cœurs qui l'ont acclamée. Le succès est un fait qu'il faut apprécier ; mais il appartient à la critique, ce nous semble, de dégager du symbole matériel l'élément divin qui doit lui survivre.

Pour revenir à des idées plus humbles et nous servir d'un langage plus précis, nous dirons aujourd'hui à nos contradicteurs ce que nous avons dit si souvent ici même : M. Verdi est un homme de talent dont la réputation excessive n'est pas justifiée par le seul mérite de ses ouvrages. M. Verdi n'est point le fondateur d'une nouvelle école, comme le croient des amateurs zélés et certains écrivains qui veulent bien nous honorer de leurs injures. Il se rattacherait plutôt à la tradition de Gluck, s'il était un meilleur musicien, et il n'est après tout qu'un imitateur peu adroit de Meyerbeer et de l'école allemande. On trouve souvent dans les opéras de M. Verdi des mélodies heureuses qui n'ont pas le développement nécessaire, des morceaux d'ensemble vigoureux, des scènes pathétiques qui laissent à désirer un art plus délié dans la préparation des effets. Le style de M. Verdi est brusque, haché, sans flexibilité et sans grâce. Il ignore à peu près l'art suprême des maîtres, qui consiste à préparer l'éclosion de l'idée et à en poursuivre l'épanouissement graduel, il ne sait point orner la passion d'une forme élégante qui satisfasse les délicats en touchant le vulgaire, il frappe fort, sinon toujours juste ; il vise aux coups de théâtre, aux péripéties violentes ; et ses personnages ont toujours le poignard à la main et l'Invectivé à la bouche. On a rarement vu un compositeur italien plus dépourvu d'imagination que M. Verdi. Sa muse, toujours irritée, ne sait pas encore sourire, et sous sa mélopée vigoureuse et stridente, on n'entend susurrer que de pauvres accords plaqués qui marquent les pulsations périodiques du rhythme. C'est un vrai supplice pour des oreilles exercées et nourries de la manne du Seigneur que d'entendre pendant trois ou quatre actes cet accompagnement de guitare espagnole qu'affectionne M. Verdi, et dont il n'a pu se corriger jusqu'à ce jour. L'orchestre de M. Verdi test constamment partagé en deux tronçons dont il ne sait pas faire un tout harmonieux : d'un côté sont les instrumens à cordes qui mâchent à vide une bien pauvre harmonie, et de l'autre les instrumens à vent, et surtout ceux de cuivre, qui n'interviennent dans le discours symphonique qu'en poussant de grosses bouffées de sonorité qui frappent d'autant plus la foule, quelle en est surprise comme d'une trop vive lumière succédant à une nuit obscure. Ces défauts joints à la parcimonie et à la dureté des modulations, la violence habituelle du style, la pauvreté de l'harmonie, cette instrumentation à la fois vide et bruyante, ces rhythmes tendus et *baldanzosi*, ces unissons perpétuels, ces coups de théâtre, la passion, le sentiment, la vigueur de certains morceaux d'ensemble, et quelquefois aussi la beauté réelle de scènes bomme celle du *miserere* au quatrième acte du *Trovatore*, tout cela donne aux opéras de M. Verdi la couleur sombre et criarde de véritables mélodrames. Dans toute l'œuvre connue jusqu'ici de M. Verdi, il n'y a rien qui égale le finale de *Lucie* de Donizetti et celui de la *Norma* de Bellini. Sous la main du compositeur lombard, la grande et belle tradition de l'école italienne, qui s'est conservée jusqu'à Donizetti, est considérablement altérée sans qu'il ait pu atteindre aux qualités supérieures des maîtres étrangers qu'il a pris pour modèles. Il y a plus de poésie musicale dans un acte d'*Oberon* que dans les vingt opéras qu'on doit à la faconde de M. Verdi. Il a perdu le bel art de chanter, qui faisait la supériorité de l'école italienne sur toutes celles de l'Europe, tous les voyageurs qui visitent cette terre, jadis si féconde en génies de premier ordre, sont unanimes pour déplorer l'état misérable où sont les théâtres lyriques de l'Italie et le goût du public qui les fréquente. Nous pouvons en juger par les chanteurs formés à l'école de M. Verdi que nous entendons à Paris, par la critique et la littérature musicales qui se publient dans ce beau pays. Nous avons lu dans un journal de Naples, dont le style valait bien celui de M. Verdi, que le *Guillaume Tell* de Rossini marquait la décadence de cet incomparable génie ! La nation qui accepte de pareils jugemens nous paraît digne de croire que *il Trovatore* est un chef-d'œuvre, et M. Verdi le plus grand compositeur de musique dramatique qui ait jamais existé.

On nous accuse tout à la fois ici de méconnaître la puissance de la nouvelle école inaugurée par M. Verdi en Italie, d'être un admirateur exclusif et obstiné des formes rossiniennes, et en Allemagne de trop adorer le génie divin de Mozart en refusant de nous incliner devant quelques bizarreries qu'on trouve dans les dernières compositions de Beethoven. Nous serions presque tenté de nous écrier : Heureux l'écrivain qui peut encourir de tels reproches, car c'est le propre de la vérité et de la saine raison de déplaire aux partis extrêmes ! Mais, ainsi que nous le disions tout à l'heure, loin d'être un fanatique du passé, un admirateur exclusif de certaines formes consacrées par le temps, nous serions plutôt disposé, par tempérament d'esprit, à courir des aventures en allant au-devant des utopies généreuses. Nous n'appartenons à aucun culte national, mais à la grande religion des belles choses, qui élèvent le sentiment. Nous sommes attiré partout où il y a de la poésie, et toute forme de l'art qui entr'ouvre un coin de l'infini nous captive. Il n'y a pas jusqu'à la tentative de M. Berlioz qui nous eût trouvé plus favorable, si l'auteur de la *Symphonie fantastique* et de *l'Enfance du Christ* n'eût compliqué son rôle de compositeur d'un rôle de polémiste agressif aux dieux que nous adorons. Nous avons rendu à M. Verdi la justice que méritent certaines qualités de son talent fruste et passionné ; mais en face de l'exagération de son succès, qui tient à des causes passagères qui n'ont rien à démêler avec l'art, en face de cette horde de marchands qui ont envahi le parvis du temple et acclamé le faux dieu, nous avons protesté et nous avons dû défendre l'idéal formé par trois siècles de civilisation musicale. On peut être assuré que la désapprobation de quelques amateurs zélés et les injures dont nous gratifient quelques journaux infimes de Naples ou de Paris ne nous feront pas changer de conduite.

Le Théâtre-Lyrique a livré le 5 novembre la grande bataille qu'il prépare tous les ans pour mettre en évidence le talent stratégique de Mme Carvalho, général en chef. On lui a donné cette année la qualification de *Margot*, opéra-comique en trois actes, dont le plan a été conçu par l'imagination de MM. Saint-George et de Leuven. C'est l'histoire lamentable d'une jeune fille très vertueuse, d'une pauvre servante du fermier Landriche, ce qui veut dire, dans la langue symbolique de ces messieurs, riche en terre. Chassée par son maître pour un acte généreux, Margot se réfugie au château de M. le marquis de Brétigny, son parrain, jeune et fringant seigneur qui jette ses écus par la fenêtre. Peu s'en faut vraiment que M. de Brétigny ne devienne amoureux et n'enlève la pauvre Margot, qui est devenue tout à coup une personne charmante, possédant toute sorte de talens d'agrément et chantant comme une *prima donna*. Les choses se passent mieux qu'on n'aurait pu le croire. Après un nouvel acte de dévouement envers son parrain, Margot épouse Jacquot, garçon de ferme, qu'elle aime éperdument depuis son enfance, à ce qu'il appert du témoignage de MM. Saint-George et de Leuven. C'est sur ce thème émouvant que M. Clapisson a modulé un grand nombre de chansons agrestes.

Quoi qu'on dise, l'auteur de *la Fanchonnette* et de dix autres ouvrages qui ne sont pas restés inaperçus, est un musicien de talent. Il a de la verve, de la chaleur, de la franchise dans le style, et quelquefois aussi de la distinction dans le choix de ses harmonies. Il faut rendre cette justice à M. Clapisson qu'il vise toujours à faire de son mieux, et si l'inspiration ne le sert pas toujours au gré de ses désirs, ce n'est pas faute d'efforts ni de pieuses invocations de sa part. Il n'y a pas d'ouverture à l'opéra de *Margot*, mais un simple prélude symphonique qui vise au pittoresque, et dans lequel deux flûtes obstinées prolongent un peu trop une mauvaise plaisanterie. On remarque au premier acte un petit duo, pour soprano et ténor, entre Margot et son ami Jacquot, qui rappelle un peu l'accent mélodique des vieilles romances françaises et la manière sobre et recueillie de M. Reber. Les couplets de la lecture du journal, débités avec esprit par Mlle Girard, qui représente la gentille Nanette, une cousine du fermier Landriche, ces couplets sont bien frappés et accompagnés avec goût. Le duo qui vient après, entre Margot et son parrain, M. de Brétigny, ne renferme qu'une petite phrase : *Cela se trouve ici*, qui dans la bouche de Mme Carvalho est d'une exquise délicatesse. Nous n'en dirons pas autant des adieux de Margot, qui forment le thème du finale du premier acte. C'est une espèce de récitatif mesuré, bien ambitieux pour une fille des champs, et sur lequel Mme Carvalho jette toutes les notes perlées de son gosier, dont elle fatigue par trop la flexibilité. C'est un luxe de vocalisation, un contre-sens dramatique, qui n'est pas racheté par la nouveauté des effets. Cela rappelle *la Sirène* de M. Auber, le finale du premier acte de *l'Étoile du Nord*, et, malheureusement pour M. Clapisson, les adieux de *la Fille du Régiment* de Donizetti, un petit chef-d'œuvre.

Au second acte, on peut signaler les couplets (encore des couplets !) que chante le fermier Landriche, représenté par M. Meillet. La mélodie en est agréable, mais d'une couleur trop sentimentale pour un drôle de cette espèce, qui vole son maître autant que le permet la loi. Quant à l'entassement de fioritures, de trilles et d'arpèges de toute nature qu'on est convenu d'appeler la *chanson des fleurs* pour piper les marchands, il serait difficile d'extraire de cet amas de notes insipides une apparence d'idée musicale. Il est triste de voir une cantatrice du mérite de Mme Carvalho se donner ainsi en spectacle, et poursuivre une lutte stérile pour l'art, dont elle pourrait être un si digne interprète. Nous le lui avons prédit à propos de *la Reine Topaze* : Mme Carvalho a dépassé le but, elle est parvenue enfin à chanter faux et à renvoyer son public assouvi de creuses et froides merveilles. On peut encore signaler au second acte un joli chœur, justement qualifié cette fois *l'éclat de rire*, et qui forme l'introduction du finale : ce sont les amis du marquis de Brétigny qui, en voyant sortir Margot de la chambre de son parrain, se mettent à rire d'une manière blessante pour l'honneur de la jeune fille. Le compositeur a rendu cet effet par un mouvement syncopique ingénieux et très élégant. Le finale en lui-même est bruyant et confus.

Au troisième acte, il y a un duo entre le fermier Landriche et sa cousine Nanette qui renferme quelques passages heureux, surtout la *stretta* où les deux voix s'étreignent galamment, à la manière du style bouffe italien. Le grand air, fort prétentieux, que chante encore Margot ne vaut certes pas toute la peine que se donne Mme Carvalho pour le dire sur un ton de princesse fort extraordinaire pour une pauvre vachère. Je préfère à ce fracas de notes suraiguës, qui ne sont pas toujours justes, le joli badinage de Nanette, dont la petite phrase :

J'en aurais p' t' — è' t' fait autant,

s'échappe malicieusement des lèvres de Mlle Girard, qui se fait justement applaudir. C'est un rien, une espièglerie de vaudeville, très bien rendue par le compositeur et la virtuose.

Si malgré tout cela l'opéra de *Margot* n'est pas un chef-d'œuvre ; ce n'est peut-être pas absolument la faute du musicien, qui a fait de son mieux, et dont le style est parfois très soigné. Il se pourrait que les prétentions et les exigences de la *prima donna assolutissima* eussent exercé une influence fâcheuse sur M. Clapisson, qui a été plus heureux autrefois, ne fût-ce que dans *la Fanchonnette*. L'exécution de *Margot* est en général assez bonne. Les chœurs et l'orchestre marchent avec ensemble, et M. Meillet fait preuve d'intelligence dans le rôle du fermier normand. C'est une justice qu'il faut rendre à la direction du Théâtre-Lyrique, que les moindres détails de la mise en scène y sont soignés. N'oublions pas non plus que M. Carvalho nous a fait entendre *Oberon* et *Euryanthe* au théâtre qu'il exploite à ses risques et périls, tandis que l'Opéra, sous la main de la liste civile, a laissé échapper cette belle occasion d'enrichir son répertoire de deux chefs-d'œuvre de plus.

Cependant on vient de reprendre à l'Opéra, pour le bénéfice de Mme Rosati, un très joli ballet, *la Somnambule*, qui remonte à l'année 1827. Le *scenario* de M. Scribe a fait le tour de l'Europe depuis que Bellini s'en est inspiré en

1831. La musique du ballet où Mme Rosati déploie une si grande vérité d'expression mimique est un badinage délicieux d'Hérold, qui préludait ainsi à la création de *Zampa* et du *Pré aux Clers*. Le spectacle est d'ailleurs amusant et mérite bien qu'on aille le voir. Le 28 novembre, il y a eu également à l'Opéra une belle solennité musicale au profit de la caisse des pensions accordées aux artistes de ce grand établissement. Le programme, riche et varié en morceaux de maîtres a commencé par la symphonie en *la* de Beethoven, qui a produit tout son effet. Après *le Songe d'une Nuit d'été* de Mendelssohn, qui a été aussi fort goûté par le public nombreux qui emplissait la salle jusqu'aux combles, la première partie s'est terminée par *la Bénédiction des Poignards* du quatrième acte des *Huguenots*, morceau colossal, une des plus grandes pages de musique dramatique qui existent. Le public, enthousiasmé par une bonne exécution, a voulu réentendre cette scène, où la fureur du fanatisme religieux a été rendue d'une manière inimitable. La deuxième partie du concert, qui aurait pu être mieux composée, a été close par le finale du troisième acte de *Moïse* de Rossini, autre conception sublime du génie le plus fécond et le plus varié qui se soit produit dans la musique dramatique. L'exécution de ce dernier morceau à laissé beaucoup à désirer, surtout la prière qui s'y trouve encadrée, et dont ces messieurs ne rendent ni l'onction divine, ni la suprême délicatesse. Ils en font un *allegretto ! Non parliam di loro…*

Le Théâtre-Italien poursuit le cours de ses représentations et fait de son mieux pour lutter contre les difficultés de la situation que lui ont faite les destins. Après *il Barbiere di Siviglia*, qu'on a repris au grand contentement des zelanti, on a donné *la Cenerentola* avec Un nouveau ténor, M. Bellart, qui n'est point à mépriser. D'origine espagnole, M. Bellart possède une voix agréable, suffisamment flexible, et ne manque ni de goût ni de sentiment. Il fera bien cependant de mieux composer ses points d'orgue qui sont quelquefois ridicules, et de ne pas trop précipiter le mouvement de ses gammes ascendantes, qui finissent par ne plus être qu'un bredouillement informe. Nous pourrions faire aussi la même remarque ail chef d'orchestre ; M. Bonnetti, qui précipite tous les mouvemens et donne à la musique de Rossini la *furia* qui n'appartient qu'à la mélopée de M. Verdi. Pourquoi M. Bonnetti ne dit-il pas à M. Corsi que, dans le finale du *Barbier* par exemple, en ne doit pas chanter à pleine poitrine cette phrase si connue :

Guarda don Bartolo…
Sembra una statua ?…

Le simple bon sens ne devrait-il pas avertir l'artiste que, s'il crie par-dessus les toits, Bartholo se réveillera de sa stupeur ? Les nuances ne sont plus observées, et sans ces nuances que deviennent les chefs-d'œuvre de l'art musical ? Dans la *Lucrezia Borgia* de Donizetti, M. Bellart a été plus favorablement accueilli encore que dans *la Cenerentola*, Mme Steffenone a rendu avec énergie et beaucoup de noblesse le rôle si dramatique de la Borgia, tandis que Mme Nantier-Didiée a été charmante sous le costume du jeune Orsino. Elle a chanté avec goût le fameux *brindisi*, et sa taille élégante, ses bonnes façons, sa voix de *mezza-soprano* ont été appréciées du public. Dans *la Traviata*, dont on a essayé de relever le crédit auprès des Parisiens » Mme Saint-Urbain a eu quelques bonnes intentions. D'un physique agréable et comédienne intelligente, Mme Saint-Urbain peut tenir la suppléance d'un premier rôle, mais non pas le remplir d'une manière définitive. Sa voix légère et grêle manque de timbre, de puissance et parfois de justesse. M. Mario a chanté avec beaucoup de verve tout le premier acte de *la Traviata*, qui est le meilleur de l'ouvrage. On a voulu aussi reprendre *Ernani* de M. Verdi, mais le public a paru trouver que c'était là de la *robba vechia*. La reprise de *l'Italiana in Algeri*, qui a eu lieu le samedi 12 décembre, a été plus heureuse, et le public a été enchanté de pouvoir rire enfin à un théâtre qui s'appelait autrefois *les Bouffons italiens*. On a redemandé le trio délicieux de *Papataci* ; où le ténor Bellart s'est fait justement applaudir, et Mme Alboni a été parfaite dans *l'Italiana* aussi bien que dans *le Barbier* et dans *la Cenerentola*.

Le Théâtre de l'Opéra-Comique a changé de directeur. Après une gestion de neuf années, parmi lesquelles se trouve l'année néfaste de 1848, M. Emile Perrin a cédé son privilège à M. Nestor Roqueplan, qui passe ainsi du sérieux au plaisant, je veux dire du théâtre de Gluck, qu'il a dirigé assez longtemps, à celui de Grétry, dont les destinées vont dépendre de son bon plaisir et de sa vigilance. Parmi les objets et curiosités légués par M. Perrin à M. Roqueplan se trouve *le Carnaval de Venise*, opéra en trois actes, qui a été représenté tout récemment, au grand étonnement du public, qui ne s'attendait pas à ce don de joyeux avènement de la part de la direction nouvelle. Si M. Roqueplan y était moins intéressé, il pourrait s'en laver les mains en disant : Je ne suis pour rien dans la mésaventure que vous éprouvez, prenez-vous-en à mon habile prédécesseur. Que ce soit Pierre ou que ce soit Jacques, *le Carnaval de Venise* est une mauvaise plaisanterie, dont le sort n'a pas été un seul instant douteux. Les paroles sont de M. Sauvage et la musique de M. Ambroise Thomas, l'un des compositeurs les plus instruits de l'école française, mais que la nature a traité avec peu de générosité. On ne raconte pas une fable comme celle qu'a imaginée M. Sauvage. Quand nous dirions à nos lecteurs qu'un certain Lelio, de Venise, veut épouser une Sylvia quelconque, première cantatrice de l'Italie, dont il s'est follement épris, malgré son rang et sa naissance, ils n'auraient encore qu'une idée inexacte de l'imbroglio fastidieux qui sert de cadre à la donnée poétique. Nous ne voudrions pas affliger un artiste de mérite comme l'auteur du *Caïd*, du *Songe d'une Nuit d'été* et de dix autres partitions distinguées et souvent consultées avec fruit par les amateurs de finesses harmoniques, mais il faut avouer cependant que la musique que lui a inspirée un sujet tel que le carnaval de Venise pouvait être plus gaie, plus neuve ou tout au moins plus perceptible aux oreilles avides des pauvres auditeurs, qui ne savaient comment passer leur temps. Sans rien dire de l'ouverture qui présente le thème si connu de l'air du carnaval de Venise avec les *lazzi* ajoutés par le génie de Paganini et un second mouvement sur une espèce de *tarentelle*, nous n'avons remarqué au premier acte que l'*andante* d'un air que chante fort bien M. Stockhausen, et un *trio* avec variations de violon où Mme Cabel fait de tristes prouesses. Au second acte, il y a un sextuor habilement écrit, et puis un duo pour soprano et ténor au troisième, le morceau le plus agréable de l'ouvrage. Il est évident que c'est pour faire éclater toute la bravoure de Mme Cabel que le nouvel opéra de M. Ambroise Thomas a été conçu et composé. Elle y joue le rôle de Sylvia, de la *prima donna* aux séductions irrésistibles. C'est là un détestable système, qu'une cantatrice bien autrement habile que Mme Cabel, Mme Carvalho, n'a pu faire accepter sans ennui. À quelque chose malheur est bon, et après un échec comme celui que vient d'éprouver Mme Cabel dans *le Carnaval de Venise*, je demande qu'on me reconduise à la *Margot* de M. Clapisson, et qu'on élève un monument à M. Verdi, qui est un colosse à côté de tout ce qu'on nous fait entendre depuis quelque temps dans les théâtres de Paris.

M. Ambroise Thomas a été mieux inspiré dans la messe solennelle qu'il a composée il y a trois ans pour la fête de Sainte-Cécile, et qui a été exécutée pour la seconde fois, le 19 novembre, à l'église Saint-Eustache, par l'association des artistes musiciens, au nombre de six cents. D'un style soutenu et souvent élevé, la messe de M. Ambroise Thomas ne s'écarte guère des formes connues de la musique religieuse, et ne présente pas la solution de la question qui préoccupe beaucoup d'esprits cultivés, à savoir quel doit être le caractère de la musique religieuse dans le culte catholique au XIXe siècle. Dans le *Gloria* de la messe de M. Ambroise Thomas, qui est écrit avec éclat et une sonorité excessive peut-être, j'ai remarqué le *Qui tollis peccata mundi*, pour voix de soprano seule, que Mme Bockholtz-Falconi a chanté avec goût. L'*Agnus Dei*, solo pour voix de soprano et chœur, est aussi un morceau plein d'onction, mais je lui préfère l'*O Salutaris*, duo pour basse et ténor que MM. Bataille et Jourdan, de l'Opéra-Comique, ont fort bien chanté. L'exécution de l'ensemble de cette composition distinguée de M. Ambroise Thomas a été satisfaisante, et la solennité n'aurait laissé rien à désirer sans un sermon trop développé pour la patience d'un auditoire qui était venu chercher de l'émotion religieuse, et non pas des subtilités de casuiste dont il n'avait que faire.

Le 6 décembre, il y a eu aux Champs-Elysées, dans la salle du Cirque-Olympique, une de ces fêtes musicales connues en Allemagne sous le nom de festival. Sous la direction de M. Pasdeloup, chef de la Société des jeunes artistes, on a exécuté pour la première fois à Paris, Si ce n'est en France, un oratorio de Mendelssohn, *Elie*, que l'Allemagne et l'Angleterre admirent depuis longtemps. On sait que dans l'œuvre considérable de Mendelssohn, qui est mort le 4 novembre 1847, se trouvent deux oratorios, *Paulus* et *Elie*, composés sur la prose même de la Bible, arrangée à cet effet par le musicien. Le sujet d'*Elie* est tiré du livre des Rois. Déjà Sébastien Bach, au milieu du XVIIIe siècle, avait composé une œuvre considérable, *la Passion*, sur le texte, scrupuleusement observé, de l'évangile de saint Matthieu. Handel au contraire se faisait écrire les *libretti* de ses oratorios par des poètes anglais, auxquels il donnait un canevas des scènes qu'il avait choisies pour thème de ses inspirations grandioses. C'est à Mendelssohn et à son maître, le vieux Zelter, qu'on doit la première exécution qui se fit à Berlin de *la Passion* de Sébastien Bach. L'*Elie* de Mendelssohn a été traduit en vers français par M. Maurice Bourges, et la partition pour piano et chant a été publiée à Paris, depuis une dizaine d'années, par la maison Brandus. Au festival des Champs-Elysées, on n'a exécuté que la première partie de l'oratorio de Mendelssohn, tandis qu'au congrès de l'ouest, en 1856, il fut donné en entier. Aujourd'hui nous voulons seulement constater l'effet produit par certains morceaux de l'œuvre de Mendelssohn, sans entrer dans des développemens qu'il faut réserver pour une autre occasion.

Le programme, divisé en deux parties, a commencé par l'ouverture du *Freyschütz*, qui a été rendue avec énergie, puis est venue une *Méditation* de M. Gounod sur un prélude de Bach, un de ces joyaux d'harmonie et de modulation qui sont sortis de l'officine de ce grand forgeron de formes musicales. Confié à la harpe, le prélude de Bach a été enchâssé par M. Gounod dans une belle phrase mélodique rendue par les violons, et accompagnée de tout l'orchestre et du chœur. Il y a une progression ascendante du plus bel effet, et toute cette composition élégante fait le plus grand honneur au goût de M. Gounod. Le morceau a été redemandé par le public ravi. La première partie de l'oratorio de Mendelssohn, composée de dix-neuf morceaux, a rempli tout le reste du programme. Après un récitatif de quelques mesures dans lequel le prophète Élie annonce aux Hébreux le châtiment du Seigneur, suivi d'un prélude original de l'orchestre, vient un chœur à quatre parties chanté par tout le peuple éploré. On a surtout remarqué un charmant duo pour voix de femme d'une simplicité mélodique qu'on est surpris de trouver dans le style ordinairement compliqué de Mendelssohn. Le récitatif et l'air du ténor chantés par Abdias nous ont paru manquer de caractère, tandis que le chœur qui lui succède est d'une belle harmonie religieuse. Le duo pour soprano et basse entre Élie et la veuve de Sarepta rappelle heureusement la belle déclamation lyrique de Gluck. Nous pouvons encore signaler un très beau chœur, — *Heureux qui toujours l'aime,* — celui des prêtres de Baal, — *O Dieu d'Israël !* — la prière ou choral qui vient après, et quelques passages d'un air en *la mineur* que chante encore Elie. Ce sont là les différens morceaux de cette grande composition, un peu monotone, dont nous avons pu saisir au passage les beautés relatives et apprécier le style élevé et soutenu. On y chercherait vainement une de ces inspirations de génie comme l'invocation de Moïse, par exemple, dans le chef-d'œuvre de Rossini. Quoi qu'en disent les Allemands et les Anglais réunis, Mendelssohn reste pour nous le premier des grands musiciens de second ordre, c'est-à-dire qu'il ne peut être mis sur la ligne de Haydn, de Mozart et de Beethoven. L'exécution, qui a été fort bonne de la part de l'orchestre et des chœurs, a laissé beaucoup à désirer quant aux virtuoses chargés des différens personnages de ce drame trop constamment lugubre. M. Stockhausen, qui est un chanteur d'un vrai mérite, n'a pas une voix de basse assez puissante ni assez profonde pour rendre toute l'énergie du prophète Élie, qui ne cesse de lancer les éclats de sa pieuse indignation. Il s'est pourtant fait applaudir dans plusieurs morceaux, ainsi que M. Jourdan de l'Opéra-Comique, à qui était confiée la partie d'Abdias, Mme Bockholtz-Ealconi, qui est une musicienne parfaite, n'a pas la voix assez jeune et suffisamment élevée pour chanter dans un si grand local la partie de la veuve de Sarepta. D'ailleurs la salle du Cirque-Olympique n'a pas été construite pour faire ressortir la voix humaine, mais pour y entendre les hennissemens des chevaux. Il est à désirer cependant que M. Pasdeloup, dont l'initiative intelligente contraste avec la fâcheuse routine de la Société des Concerts, ne se décourage pas, et qu'il persévère dans sa louable entreprise d'initier le public français aux nombreux chefs-d'œuvre de l'art musical qui lui sont inconnus. Pour notre part, nous lui votons d'humbles actions de grâce.

Puisque les nouveautés qu'on nous présente sur les théâtres sont dépourvues d'intérêt, c'est le cas de jeter un coup d'œil sur l'histoire musicale d'un peuple intéressant. La musique d'un peuple, si elle a un caractère vraiment original, repose sur des principes qu'il appartient à la science de définir. L'un a le goût de la mélodie par exemple, l'autre préfère les combinaisons de l'harmonie ; celui-ci est sensible aux rhythmes compliqués, celui-là aux tonalités étranges et piquantes, etc. Eh bien ! c'est au philosophe d'expliquer ces phénomènes que lui livre l'histoire, si elle est bien faite, et le philosophe, fût-il aussi sublime que Platon a besoin de s'appuyer sur la connaissance des principes de l'art sous peine de divagation. Les Polonais, ce peuple guerrier et bruyant dont l'organisation politique est restée si longtemps dans une sorte d'enfance chevaleresque, pendant qu'autour de lui la Russie, la Prusse et l'Autriche devenaient des monarchies puissantes, toutes prêtes à le dévorer, le peuple polonais a-t-il eu une musique nationale comme il se vante de posséder une poésie, si ce n'est toute une littérature, qui exprime les tendances et les propriétés de son génie ? Un Polonais, un musicien distingué, M. Albert Sowinski, a entrepris la tâche difficile d'écrire l'histoire des musiciens, de son pays sous la forme commode d'un dictionnaire biographique. En tête du livre, l'auteur a mis une introduction qu'il raconte brièvement les vicissitudes qu'a éprouvées l'histoire de la musique en Pologne. Chez toutes les nations de l'Europe, l'histoire de la musique se divise en deux parties très distinctes : les chants et les danses populaires, qui sont le produit de l'instinct et de la tradition, et la musique, qui résulte du travail de l'esprit et des combinaisons de l'art. C'est dans les chants et dans les danses populaires qu'on peut trouver l'accent moral d'une nation qui a vécu d'une vie qui lui est propre ; mais aussitôt que l'art intervient et qu'il touche à ce germe poétique légué par le sentiment, il lui imprime sa régularité et en fait une langue savante qui se rapproche beaucoup de celle des autres nations civilisées. La musique de l'école italienne, par exemple, diffère beaucoup moins de la musique de l'école allemande que les *canzonette* de Venise, de Florence, de Rome et de la Sicile ne diffèrent des chansons agrestes de la Bohême, de l'Ukraine, de la Wolhynie ou de la Pologne. Il en est de la musique et de la poésie comme des costumes, qui sont pittoresques et nationaux dans les campagnes, tandis que la société polie de Londres ou de Paris s'habille à peu de chose près comme celle de Berlin, de Varsovie ou de Saint-Pétersbourg. Cependant il arrive certaines époques de satiété et d'épuisement où l'art, ayant produit déjà ses plus grands chefs-d'œuvre, se retourne vers le passé et va se rajeunir aux sources populaires et nationales. Frédéric Chopin est le compositeur qui, de nos jours, a le mieux traduit sous les formes de l'art proprement dit les propriétés du génie musical et poétique de sa nation.

Dans son résumé de l'histoire de la musique en Pologne, qu'on pourrait désirer plus développé et plus explicite, sur certaines questions importantes comme celles de l'harmonie et de la tonalité, M. Sowinski donne une définition des principaux chants et danses populaires de sa nation. C'est d'abord la *Polonaise*, danse populaire fort connue, qui remonte aux premiers siècles, et dont un compositeur polonais du XVIIIe siècle, Kozlowski, a reproduit le type avec un grand succès ; la *Mazoure* ou *Mazoureck*, danse à trois temps d'un accent mélancolique, et que les chefs-d'œuvre de Chopin ont répandue dans toute l'Europe. « On ne saurait préciser l'époque à laquelle on commença à composer des mazurecks, dit M. Sowinski. Il est probable que les joueurs de luth du XVIe siècle connaissaient ce genre d'airs, à en juger par les descriptions qu'en donnent d'anciens poètes polonais. Celles que le peuple chantait avaient quelque chose de naïf et de tendre, et la mélodie en était courte et accentuée. Elles avaient primitivement deux reprises, avec un prélude que les ménétriers de village improvisaient à leur façon. » Viennent ensuite le *Krakowiak*, air vif, à deux temps, connu en France sous le nom de la *Cracovienne*, et les *Dumij* ou *Dumki*, airs plaintifs, comme le sont la plupart des airs primitifs de la race slave. Les *dumki* étaient accompagnés sur un instrument à cordes nommé *guinsla*. Enfin, les *daïnos*, airs vifs et simples, appartiennent surtout à la Lithuanie. « Un de ces airs, dit M. Sowinski, composé par Chopin, fut chanté à Paris par M Viardot en langue polonaise, à un concert donné au bénéfice des pauvres par la princesse Marceline Czartoryska. » M. Sowinski donne aussi la description de quelques vieux instrumens abandonnés depuis longtemps, et qui n'ont point appartenu exclusivement au peuple polonais, car on les trouve chez toutes les nations européennes du moyen âge.

L'histoire de la musique en Pologne peut se résumer dans la biographie quatre personnages importans. Saint Adalbert, né en Bohême, apôtre des Slaves, successivement évêque de Prague et puis archevêque de Gnesne, ancienne capitale de la Pologne, introduisit chez ce peuple, au xe siècle, le plain-chant de l'église romaine. Il est auteur d'une hymne à la Vierge très populaire, et qui s'est conservée jusqu'à nos jours. M. Sowinski a reproduit la musique de l'hymne de saint Adalbert, qui n'est pas autre chose qu'une mélodie grégorienne écrite dans le premier ton de l'église. Après saint Adalbert, l'homme qui a eu la plus grande influence sur l'art musical en Pologne, c'est Nicolas Gomolka, dont le *Psautier*, imprimé à Cracovie en 1580, est une imitation du style de Palestrina. Gomolka vivait sous le règne d'Etienne Botarij, et il alla étudier la composition en Italie. Un amateur distingué de Varsovie, M. Joseph Gichoçki, a traduit en notation moderne quelques-uns des psaumes de Gomolka à quatre parties. Le *Psautier* de Gomolka renferme cent cinquante psaumes, dont M. Sowinski reproduit quelques-uns, qui donnent une haute idée du savoir de ce maître polonais. Au XVIIIe siècle, un autre compositeur, Mathias Kamienski, né en Hongrie, a été le créateur de l'opéra en langue polonaise, dont le premier spécimen fut représenté sur le théâtre de Varsovie en 1778 sous le titre de *Misère consolée*. Enfin Joseph Elsner, qui n'est pas non plus Polonais de naissance, continue l'œuvre de Kamienski, et fonde une école de musique à Varsovie sur le modèle du Conservatoire de Paris. Joseph Elsner a été le maître de Chopin et d'un grand nombre d'artistes distingués. — De ce coup d'œil rapide jeté sur l'histoire de l'art musical en Pologne, il résulte qu'il n'y a pas eu et qu'il n'existe pas à proprement dire d'école polonaise. C'est sous la double influence d'abord de l'Italie, puis de l'Allemagne, que les artistes polonais se sont instruits et ont développé leurs talens. De nos jours, excepté Chopin, qui est un artiste de génie, les musiciens polonais ne se distinguent par aucune propriété nationale des autres musiciens de l'Europe. Comme leurs compatriotes, qui parlent sans accent presque toutes les langues étrangères, c'est aussi sans un accent bien reconnaissable qu'ils imitent les arts des nations plus heureusement douées.

Indépendamment de son utilité pour l'histoire générale de la musique, l'ouvrage sur les *musiciens polonais*, qui renferme un grand nombre d'articles intéressans, remplit une lacune dans l'histoire particulière des arts et de la civilisation en Pologne. Ayant à traiter le premier un sujet difficile, M. Sowinski a consacré vingt années de sa vie à réunir les matériaux épars de son dictionnaire, qui suppose une vaste lecture et une persévérance infatigable. Dans un livre qui renferme des élémens si divers, M. Sowinski n'a pu échapper sans doute à quelques inexactitudes et à un excès de patriotisme qu'on lui pardonne plus volontiers. L'auteur rattache, un peu arbitrairement, à l'histoire de la Pologne une foule de compositeurs célèbres qui ne lui appartiennent que d'une manière indirecte. Paisiello par exemple, pour avoir séjourné quelque temps à Varsovie à son retour de Saint-Pétersbourg, en 1784, et pour y avoir composé un opéra italien, *la Finta Amante*, n'en est pas moins un bel oiseau de passage qui a vu le jour et qui est mort dans le royaume de Naples. Nous en dirons autant de Hasse et de sa femme Faustina, qui étaient attachés à la cour de Saxe bien plus qu'à celle de Pologne, où ils n'ont fait que de rares apparitions. M. Sowinski dit, à l'article d'*Antonia Campi,* cantatrice polonaise, qu'elle a créé le rôle de dona Anna dans le *Don Juan* de Mozart. C'est une erreur où il a été induit par l'article de la *Biographie universelle des Musiciens* de M. Fétis. C'est pour Mme Teresa Saporiti que fut composé ce rôle admirable, ainsi qu'on peut le vérifier dans notre travail sur le chef-d'œuvre de Mozart. Nous aurions aussi à reprocher à M. Sowinski de s'être trop complaisamment étendu sur certains artistes contemporains, qui n'auront pas pour la postérité l'importance que leur accorde gratuitement l'auteur de l'ouvrage estimable que nous examinons. Consacrer trois ou quatre pages à inscrire les œuvres les plus minimes de tel pianiste ou compositeur obscur que nous pourrions citer, c'est évidemment dépasser la mesure qui doit être le premier mérite d'un ouvrage historique. M. Fétis, dans sa *Biographie universelle des Musiciens,* n'a pas su non plus toujours se défendre de cette faiblesse envers quelques artistes contemporains dont l'avenir s'occupera fort peu. Les siècles vont s'accumulant sur la tête du genre humain, et c'est le devoir de l'histoire de ne pas charger la mémoire des générations futures de faits et de noms inutiles.

Parmi les articles intéressans que renferme le dictionnaire biographique de M. Sowinski, on peut citer, après ceux consacrés à saint Adalbert, à Gomolka et à Chopin, celui du prince Radziwil, amateur distingué et auteur de la musique d'un *Faust,* dont on exécute souvent en Allemagne des fragmens ; — Marco Scacchi, Italien né à Rome vers la fin du XVIe siècle, maître de chapelle du roi de Pologne Sigismond III ; — Sigismond Ier de l'illustre famille des Jagellons, roi de Pologne, qui a fondé dans la cathédrale de Cracovie en 1534 l'institution célèbre des *Roraristes,* sorte de chapelle musicale composée de neuf membres ; — la femme de Sigismond Ier, la reine Bona, de la maison de Gonzague, qui fit venir à la cour de Pologne un grand nombre de chanteurs, de musiciens et d'artistes italiens ; — Lipinski, violoniste célèbre, qui depuis longtemps est fixé à Dresde, etc. Tous ces noms-là, et d'autres encore que nous ne pouvons citer, ont été traités avec soin par M. Sowinski. L'auteur n'a pas oublié non plus sa propre biographie, qui occupe sept grandes pages. À part ces réserves et celles que nous pourrions faire sur le style, qui parfois vise un peu trop au lyrisme de M. Liszt, l'ouvrage de M. Sowinski mérite d'être accueilli avec faveur par les hommes éclairés, et sera consulté avec fruit par les historiens de la musique. Si M. Sowinski est assez heureux pour publier une seconde édition de son dictionnaire biographique, nous l'engageons à développer davantage le *résumé de l'histoire de la musique en Pologne,* qui en forme l'introduction. L'histoire de la musique chez toutes les nations modernes se confond avec celle de la poésie, dont il importe de connaître les formes successives pour bien apprécier celles de l'art musical avant l'époque de son émancipation.

La mort, qui ne cesse de frapper, cette année, sur les hommes distingués, vient d'enlever, le 11 décembre, M. Castil-Blaze, dont le nom appartient de droit à l'histoire de la musique et de la critique en France. Agé de soixante-treize ans, M. Castil-Blaze a consacré sa longue et laborieuse carrière à vulgariser les chefs-d'œuvre des grands maîtres étrangers et à propager dans le public de saines idées sur un art qu'il avait étudié à fond. Le traducteur d'*il Barbiere* et du *Freuschütz* a droit à la reconnaissance de tous les amis de la belle musique, dont il s'est efforcé de répandre le goût chez une nation spirituelle qui n'a point inventé la gamme. Par ses livres, par ses traductions des opéras de Mozart, de Rossini, de Weber, de Beethoven, par ses articles au *Journal des Débats*, où il est resté dix ans, M. Castil-Blaze a beaucoup contribué au développement de l'instinct musical en France.

P. SCUDO.

1. ↥ Voyez notamment les livraisons du 15 janvier 1855 et du 15 décembre 1856.
2. ↥ Voyez *Études d'histoire religieuse,* p. 423.